EINHUNDERTEINS MAL „VER" SAMMLUNG

HERTALDIS OFFERMANN

EINHUNDERTEINS MAL „VER" SAMMLUNG

Bibliografische Information der Deutschen Nationalbibliothek:
Die Deutsche Nationalbibliothek verzeichnet diese Publikation in der Deutschen Nationalbibliografie; detaillierte bibliografische Daten sind im Internet über http://dnb.dnb.de abrufbar.

© 2016 Hertaldis Offermann, Berlin

Herausgeber und Gestaltung:
Ralf Höpfner >¡< Markenfeuer Hamburg
Titelfoto: © Hertaldis Offermann
Abbildung Rückseite: © Ralf Höpfner
Herstellung und Verlag: BoD Books on Demand, Norderstedt
ISBN: 978-3-741-2257-58

Beim Fahren verfahren in Gedanken

Wütend stieg ich ins Auto und nahm Reißaus zu meinem Boot. Wollte mich vor einer Verantwortung wegstehlen. Während der Fahrt kreisten meine Gedanken um das Wort „Antworten" und um die Vorsilbe „*Ver*". Jetzt war ein Vorrat angezapft, den es sich lohnte zu genießen.

In 72 Stunden habe ich die Deutungen geschrieben, nun können auch Andere an meinem Vorrat naschen.

Hertaldis Offermann
Berlin, Mai 2016

A B R E D E N   HEISST DER WIRKLICHKEIT

ZU WIDERSPRECHEN

SEINE EIGENE WELT

IN ECHTES LICHT ZU RÜCKEN

V E R A B R E D E N   DAGEGEN

IST DER ORDNUNG VASALL

WEIL DANN FÜR MEHRERE

GLEICHES ZEITENMERKMAL

ICH A C H T E

WAS MEINER WERTESKALA ÄHNELT

SOWOHL IN DER SACHE ALS AUCH IM TUN

DOCH

V E R A C H T U N G TRIFFT ALLES

DAS MEINER SEELE WIDERSPRICHT

UND MEINER INNEREN ORDNUNG

ZUWIDER IST

Ä N D E R N MUSS ICH MICH IN JEDER

LEBENSMINUTE

DOCH NUR SO VIEL

WIE DER MOMENT ES VON MIR VERLANGT

DOCH FORDERT DAS LEBEN

V E R Ä N D E R N

WIRD AN MEINER GRUNDAUSSTATTUNG

GENAGT

ANPASSEN JA

SO VIEL WIE NÖTIG ABER

SO WENIG WIE MÖGLICH

DAMIT ICH DAS EIGENE WESEN

BEWAHREN KANN

OFT ÄRGERE ICH MICH

ÜBER BAGATELLEN HEIMLICH IM INNERN

OHNE ES ZU ZEIGEN

DOCH VERÄRGERN

VERURSACHT DURCH MENSCHEN

ZEIGT SICH SOFORT IM GESICHT

ZU ALLEM MÖGLICHEN

SOLL MAN SICH Ä U S S E R N

ZU EREIGNISSEN HANDLUNGEN

TÄGLICHEM GESCHEHEN

DOCH WENN MAN DARAUF AUS IST

ETWAS ZU V E R Ä U S S E R N

WIRD MAN NUR NOCH

ALS VERKÄUFER GESEHEN

WENN ICH DEN MOTOR ALS

TECHNISCHES DING   A N L A S S E

WIRD ER SEINER EIGENART

SPRIT ZU VERBRAUCHEN FOLGEN

EBENSO DER LEUCHTKÖRPER

KÜNSTLICHES LICHT ALLEN SPENDEN

V E R A N L A S S E   ICH ALS GEDANKENGEBER

EIN HANDELN DER MENSCHEN

KANN ICH NICHT VORHER BESTIMMEN

WIE ES WIRD ENDEN

A N T W O R T E N HEISST AUF FRAGEN

ZU REAGIEREN

ALSO SICH IN ORDNUNGEN ZU BEWEGEN

V E R A N T W O R T E N IST DAGEGEN

AUF ANDEREN ZU VERWEISEN

DER FÜR UNORDNUNG

DEN KOPF SOLL HERHALTEN

WER SICH SELBER DAMIT BELÄDT

HAT VIELLEICHT NICHT GENUG

SELBSTVERWALTUNG

DENN WAS SCHERT IHN SONST

DIE UNORDNUNG ANDERER

DIE GEGEN NORMEN VERSTÖSST

A R B E I T E N HEISST

SICH MIT MÜHE EINEM ZIELE ZU NÄHERN

ALSO SICH IN GEORDNETER BAHN

ZU BEWEGEN

V E R A R B E I T E N JEDOCH

SICH AUS CHAOS ZU LÖSEN

UM NEUE LÖSUNGSMÖGLICKEITEN

ZU SEHEN

A U S G A B E N   SIND EIN ORDNUNGSPRINZIP

ALS GEGENWERT FÜR ERHALTENE LEISTUNG

EGAL OB SIE VOM GEIST

ODER HÄNDEN ERBRACHT

DOCH   V E R A U S G A B E N

FÜHRT STETS DAS CHAOS INS FELD

WEIL ES ÜBER DAS OPTIMALE MASS HINAUS

KRAFT HAT VERLANGT

B A U E N KANN MAN MIT STEINEN

HOLZ METALL ODER SAND

DAS BESCHREIBT DAS GEZIELTE

HERSTELLEN

NICHT NUR MATERIAL

KANN MAN SO V E R B A U E N

AUCH LEBENSWEGE SIND DAVON

BEEINFLUSST

WEIL DURCH EIGENE FEHLER

VIELE SICH DIE ZUKUNFT VERBAUEN

VERUNGLÜCKTE B E R G E N IST VORNEHME

PFLICHT

ES EHRT ALLE RETTER

WIRFT GLORREICHES LICHT

DOCH V E R B E R G E N ZEUGT IMMER VON

DUNKLEN GESCHÄFTEN

ODER GEPLANTEN GESCHENKEN

ABER IMMER VON DER ANGST

BELEUCHTET ZU WERDEN

BEI EINER VERSTEIGERUNG B I E T E ICH MIT

WENN MIR DAS OBJEKT ZIEL DER BEGIERDE

SO WIRD ES EIN ATTRIBUT EINER ORDNUNG

DER ICH MICH FREI UNTERWERFE

V E R B I E T E N JEDOCH IST EIN AKT

FREMDER LENKUNG

HIER ZWINGT EINER DEM ANDERN WAS AUF

AUCH WENN IN DER ERZIEHUNG

KEINE GUTE ENTWICKLUNG

WENN MAN ALLEN GELÜSTEN

GIBT FREIEN LAUF

DIE BUCHSEITEN MUSS DER FACHMANN

B I N D E N

DAMIT SIE EIN GANZES AM ENDE SIND

SO WIRD AUS DEM CHAOS ENDLICH

DIE ORDNUNG

UND NEUES OBJEKT MAN IN DER WELT FIND'T

V E R B I N D E N KANN MAN WUNDEN

ODER GETRENNTE GEDANKEN

AUCH GLEICHE GEFÜHLE VERBINDEN

SCHEINBAR NOCH FREMDE FLÜSSE

KANN MAN ÜBERQUEREN

ZÜGE VERBINDEN VERSCHIEDENE

LÄNDER UND BRINGEN MENSCHEN

ZUEINANDER

JEDES KIND DARF IMMER MAL   B O C K E N

DEN ERWACHSENEN STEHT DAS

NICHT GUT ZU GESICHT

DOCH WENN   V E R B O C K E N

DANN IST PASSIERT

WIRD SEHR SCHWER

DER GUTE RUF WIEDER REPARIERT

UM EINEN PLAN UMZUSETZEN

MUSS ICH OFT TERMINE B U C H E N

UM MEIN ZIEL ZU ERREICHEN

OB EIN TICKET FÜR THEATER ODER FLUG

IST ALSO DER ORDNUNG GESCHULDETES TUN

UNVORGESEHENE EREIGNISSE MUSS ICH

V E R B U C H E N

ALSO NEU INS KALKÜL EINBEZIEHEN

B Ü R G E N   KANN ICH FÜR DEN FREUND

WEIL ICH KEINE ENTTÄUSCHUNG ERWARTE

DOCH   V E R B Ü R G E   ICH MICH

SCHRIFTLICH FÜR SCHWANKEND CHARAKTER

KANN SEIN STRAUCHELN

MICH MIT IN DAS CHAOS HINEINLOTSEN

DESHALB IST VERBÜRGEN

VOM VERSTANDE VERBOTEN

D I C H T E N   HEISST DIE WORTE ZU FINDEN

DIE DIE ABSICHT

ERDACHTE GESCHICHTEN ZU NOTIEREN

AM BESTEN BESCHREIBEN

DARUM DENKE ICH

DASS HIER KEINE GEGENBEDEUTUNG

ZUM WORT   V E R D I C H T E N

WEIL AUCH IN DER VERDICHTETEN SPRACHE

POESIE SICH ZEIGT

D R E H E N   IST EINE WICHTIGE BEWEGUNG

DIE JEDER MENSCH IN SEINEM LEBEN

BENUTZT

DOCH ÜBT ER SICH IM

V E R D R E H E N   VON INFOS

DANN IST ER ALS SPINNER

SEHR BALD ANGEKRATZT

D R Ü C K E N   KANN SEHR ERSEHNT SEIN

WENN WIR LIEBEM MENSCHEN BEGEGNEN

DOCH KOMMT NICHTGEWOLLTES DAHER

OB MENSCH TIER FEUER WIND MEER

V E R D R Ü C K E N   WIR UNS SCHNELLSTENS

UM SCHADEN VON LEIB UND SEELE

ZU GEBEN ABWEHR

E H R E N IST DAS ANERKENNEN VON

VERDIENSTEN

VON DER ÖFFENTLICHKEIT VERORDNET

DAGEGEN ENTSCHEIDET JEDER

FÜR SICH ALLEIN

WEN ER V E R E H R T UND DAS OFT GEHEIM

DENN DADURCH

GIBT ER SICH SELBST ZU ERKENNEN

UND MANCHER MAG

DASS DAS AUCH BLEIBT IHM GANZ EIGEN

E N D E N   IST EIN ZEITDERIVAT

WENN EIN GEPLANTER

VORGANG VORBEI

DOCH   V E R E N D E N   ZEUGT DAVON

DASS DAFÜR

NUN KEINERLEI ZEIT

MEHR MÖGLICH SEI

OFT F A H R E ICH OHNE ZIEL

EINFACH INS LAND

DANN IST ES EGAL

WO ICH HINKOMME

DOCH WIRD EIN TERMINORT MAL ANGESTREBT

DANN FÜHRT EIN V E R F A H R E N

ZUM ADRENALINSTOSS

MANCHMAL SIND AUCH SITUATIONEN

SO SEHR VERFAHREN

DASS SEHR VIEL MÜHE IST VONNÖTEN

UM VERWORRENHEIT WIEDER ZU KLÄREN

ES FALLEN ÄPFEL VON DEN BÄUMEN

DOCH MENSCHEN FALLEN GAR NICHT GERN

WEIL OFT DANN SCHMERZEN DARAUF FOLGE

HÄLT MAN SICH GERN VOM BODEN FERN

DOCH NUR BEIM INDIVIDUUM

GIBT ES DAS VERFALLENSEIN

DANN IST MAN SO WIE ALTE WARE

NICHT MEHR VERFÜGBAR FÜR ALLGEMEIN

ALLES WAS MIR LIEB UND TEUER

F A S S E ICH AUCH GERNE AN

DOCH DAS BEDARF DES MATERIELLEN

WEIL MAN GEDANKEN

NIEMALS GREIFEN KANN

IST DIE IDEE DANN GUT GEGOREN

UND MÖCHTE SIE INS WORT SICH FÜGEN

MUSS ICH   V E R F A S S E N   DIESEN TEXT

DAMIT EIN ANDERER

SIE DANN AUCH KANN LESEND

VERWERFEN ODER GENIESSEN

SOLLTE AN EINER SPEISE DER ZUCKER

MAL　F E H L E N

DANN WILLST DU SCHNELL

KORRIGIEREN DEN MANGEL

WEHE DU　V E R F E H L S T

DABEI DEN BEHÄLTER

UND GIBST STATT NOTWENDIGEN ZUCKERS

ENTSPRECHENDE MENGE SALZ DAZU

DANN HAT NICHT NUR DIE HAND

DAS ZIEL VERFEHLT

DENN AUCH DAS ESSEN

IST NICHT MEHR BEGEHRT

F O L G E N IST NICHT NUR NACHGEHEN

AUCH RAT UND HINWEIS GERNE FOLGEN

IST EINE WESENSEIGENHEIT

DIE OFT AUCH HELFENDEN ERFREUT

V E R F O L G E N MUSS MAN EIGENE PLÄNE

MIT ENERGIE MUT UND AUCH FREUDE

SONST VERFOLGEN UNS DIE ANDERN

WEIL WIR IM WETTKAMPF

NICHT VORNE LANDEN

SO LANGE WIR LEBEN   F O R M E N   WIR

NICHT NUR UNS SELBST

AUCH DAS DRUMHERUM

UND MERKEN ERST WIE FEST GEGOSSEN

ALLES WAS VORBEIGEFLOSSEN

ENTSTEHT DANN IRGENDWO DER WILLE

DAS ALTE DOCH MAL ZU   V E R F O R M E N

FÜHLEN WIR DEN WIDERSTAND

DEM NEUEN SICH DANN ZUZUORDNEN

F R E S S E N IST NUR TIEREN ERLAUBT

UND BEI DIESEN

SEHR GERN VOM MENSCHEN BESTAUNT

DOCH SAGT MAN VOM MENSCHEN

ER SEI V E R F R E S S E N

DANN WEISS JEDER

UM FEHLENDES MASS

UND DASS DAS FÜR IHN DER GRÖSSTE SPASS

G E H E N   IST DAS NORMALE

MENSCHLICHE BEWEGEN VON ORT ZU ORT

UM HIN HER WEG DAVON ZU KOMMEN

V E R G E H E N   KÜNDET IMMER ENDE

OB NUN DER ZEIT DES LEBENS DES GLÜCKS

DER FREUDE DER TRAUER DES LEIDS DER

HOFFNUNG

UND NUR ERINNERUNG

BLEIBT DANN ZURÜCK

REGELN DIE MAL AUFGESTELLT

G E L T E N IMMER FÜR ALLE UND JEDEN

HÄLT MAN SICH AN ABSPRACHEN

WIE VORGEGEBEN

WIRD KEINE AHNDUNG

WEGEN VERSTOSSES EINTRETEN

ANDERS WENN MIR WAS ANGETAN

SEI ES WAS GUTES ODER WAS BÖSES

BEIDES WERDE ICH V E R G E L T E N DANN

UND DADURCH FREUNDE UND FEINDE

AUSWÄHLEN

ALLE PFLANZEN WOLLEN WASSER

G I E S S E N   IST DANN DAS GEBOT

DOCH SCHENKT DER WIRT DEN KURZEN EIN

SOLLT ER   V E R G I E S S E N

WIRKLICH SCHEU'N

DENN JEDER TROPFEN REUT DEN GAUMEN

DER NICHT BEI DEM GENIESSER LANDET

UND FLECKEN AUF DEM TISCHTUCH ZEUGEN

DASS WAS VERGOSSEN VON DEN LEUTEN

TIERE DIE SICH SPINNEFEIND

G I F T E N SICH SEHR GERNE AN

ZEIGEN DASS SIE WAFFEN TRAGEN

DIE DEM ANDERN KAMPF ANSAGEN

DOCH V E R G I F T E N IST GEFÄHRLICH

OFT FÜR TÄTER UND DAS OPFER

WEIL DAS GIFT IM KÖRPER BLEIBT

UND DEN VORSATZ OFTMALS BEWEIST

G U C K E N IST DAS STRAHLEND LICHT

INFOS FÜR DEN GEIST ZU SAMMELN

SCHON DAS MINENSPIEL ZEIGT AN

WOVOR WIR SOLLTEN BESSER BANGEN

DOCH V E R G U C K E N BIRGT OFT FOLGEN

NIMMT DAS HERZ IN SEINE KLAUEN

UND DU KANNST DEM KÜHLEN GEIST

OFTMALS NICHT MEHR RECHT VERTRAUEN

AUGEN VERSCHLIESSEN HEISST

SICH DER WELT ZU VERSAGEN

DESHALB IST S E H E N

IN IHR REAL ZU SEIN

NICHT ALLES

WAS ALS V E R S E H E N BEZEICHNET

IST WIRKLICH OHNE ABSICHT PASSIERT

V E R S E H E N WIRD ERST MAL VON

ALLEN ENTSCHULDIGT

WEIL KAUM EINER

AN DEN VORSATZ SELBST GLAUBT

DOCH MANCHER VERTUSCHT DAMIT

SEIN MANGELND INTERESSE

AN DEM WOMIT ER GERADE BETRAUT

H A L T E N KANN FÜR

EINE ANNAHME STEHEN ODER

ETWAS BEFINDET SICH IN MEINER HAND

V E R H A L T E N DEUTET AUF

VORSICHT IM HANDELN

WEIL MAN ERST PRÜFEN WILL

OB ERFOLG BEIM DURCHDENKEN

ERKANNT

H E B E N   KANN MAN GEWICHTE

ABER AUCH DAS GEFÜHL

WENN ANDERER DIE SEELE STREICHELT

V E R H E B E N

KOMMT VOM FALSCHEN EINSCHÄTZEN

DER EIGENEN KRÄFTE

IM TÄGLICHEN ALLTAGSGEWÜHL

H E H L E N   VERLANGT GESTOHLENER DINGE

DIE MÜSSEN WEITER VERHÖKERT WERDEN

V E R H E H L E N   HÄLT WISSEN ZURÜCK

UND VERSTECKT ES IM INNERN

DENN GEHEIMNISSE SOLLEN NICHT

IN EIN MITEINANDER SCHIMMERN

H E I Z E N SCHAFFT UNS DIE NÖTIGE WÄRME

OB ZUM LEBEN KOCHEN ODER BADEN

WIR V E R H E I Z E N DABEI NICHT NUR DIE

BRENNMATERIALIEN

DIE WIR UNS GENAU DAFÜR AUSGESUCHT

AUCH MANCHES TALENT WIRD ZU SEHR

VERHEIZT

WEIL ZU WENIG ZEIT FÜR REGENERATION

BLEIBT

ICH H O L E MIR ALLES

WAS FÜR MICH MÖGLICH

FREUE MICH AM GENUSS

UND MANCHMAL SCHON AM ERWERB

SCHWATZT MAN ÜBER ANDERE LEUTE

TAUSCHEN BLICKE V E R H O L E N DEN ORT

AM LIEBSTEN GAR

UM ECKEN SCHLEICHT SICH DAS AUGE

WACKELT UND SCHWENKT

IMMER UM DAS OBJEKT RINGSHERUM

EINE WICHTIGE BEDINGUNG DES LERNENS IST

DASS DAS　I R R E N　STRAFLOS SOLLT SEIN

JE MEHR DAS LEBEN IN EIGENREGIE

JE WENIGER IRREN GEHÖRT DANN DAZU

V E R I R R S T　DU DICH MAL

HAST DU DIE ORIENTIERUNG VERLOREN

UND BRAUCHST HELFENDE HAND

AUS DEM BEÄNGSTIGENDEN LABYRINTH

J A G E N   RICHTET SICH AUF BEUTE

SIE ZU BESIEGEN

IST STETS DAS ZIEL

HABEN ANDERE DICH ALS WILD GEWÄHLT

WIRST DU SIE   V E R J A G E N   GANZ SCHNELL

DIE ROLLEN WECHSELN STETS IM LEBEN

DAS SCHAFFT DIE SPANNUNG BIS ZUM TOD

K A U F E N   ZEIGT DEN WECHSEL AN

DASS EIN ANDERER   V E R K A U F T

HIER IST DEUTLICH

WAS KANN FOLGEN

WENN BEI EINEM SCHRIFTVERTRAG

DURCH IRRTUM VORSILBEN VERTAUSCHT

UND DAS DANN BÖSE FOLGEN HAT

K E H R E N   SOLLTE IMMER JEDER

NUR VOR SEINER EIGENEN TÜR

V E R K E H R E N   HAT SO VIEL BEDEUTUNG

DASS DER LESER SICHER GERN

SELBST DEN INHALT FINDET DAFÜR

K L A G E N   HÖRST DU JEDEN TAG

HAST DICH DARAUF EINGESTELLT

DOCH   V E R K L AG T   NUR SELTEN EINER

WENN ER GEFÜHLT DASS ER GEPRELLT

DIE MEISSTEN MENSCHEN AUF DER WELT

K L E I D E N SICH WIE SIE'S GEWOHNT

KULTUREN SCHREIBEN DABEI REGELN

JE NACHDEM WO EINER WOHNT

DIESEM BRAUCH MAL ZU ENTFLIEHEN

GIBT ES EBEN KARNEVAL

DANN V E R K L E I D E N SICH DIE NARREN

JEDER HAT DIE FREIE WAHL

BOHNEN SOLLTE MAN ERST K O C H E N

BEVOR SIE SCHMACKHAFT ZU GENIESSEN

V E R K O C H T MAN KNOLLEN

ZU EINEM BREI

WIRD KEINE SALZKARTOFFEL

VOM TELLER UNS GRÜSSEN

K O S T E N SUMMIEREN SICH AUS DEM

AUFWAND

OFT GENÜGT EIN GELDBETRAG

DOCH V E R K O S T E N

IST DIE PRÜFUNG

OB ERWARTUNG WIRD ERFÜLLT

WENN DAS GERICHT WIRD VORGESTELLT

K R I E C H E N HEISST

SICH AM BODEN BEWEGEN

WEIL DER AUFRECHT GEHENDE MENSCH

DORTHIN KAUM EINMAL SIEHT

IST DAS V E R K R I E C H E N

ZUR TAKTIK GEWORDEN

OFTMALS SOGAR

WENN MAN SICH OHNE ANLASS

VOR DEN ANDEREN VERSCHLIESST

GERADE IM SOMMER

DIE SPEISEN ZU K Ü H L E N

IST GEBOTEN FÜR DER ESSER GESUNDHEIT

TREIBT ES DER MENSCH

MIT SICH SELBST DABEI ZU DOLL

KANN ER SICH V E R K Ü H L E N

GERADE BEI HITZE SEHR WOHL

WOLKEN K Ü N D E N REGEN AN

WIE MINUSGRADE OFT DEN FROST

V E R K Ü N D E N MENSCHEN LEHREN

WOLLEN SIE MEISTENS SPENDEN TROST

L A D E N KANN MAN DEN AKKU

ODER SEINE SACHEN

BEI EINEM UMZUG ZUM ABFAHREN

FÜHLST DU DICH ALS MENSCH V E R L A D E N

SINNST DU AUF RÜCKZAHLUNG

FÜR DIESE SCHMACH

KINDER MUSS ICH MANCHMAL   L A S S E N

EIGENE FEHLER ZU BEGEHEN

STRIKT VERBOTEN IST ES ALLEN

SIE ZU   V E R L A S S E N   WENN SIE FALLEN

L A U F E N KÖNNEN TIER UND MENSCH

EINFACH SO NATURGEGEBEN

AUCH DAS TIER KANN SICH V E R L A U F E N

WENN ES NICHT BLEIBT

AUF ERPROBTEN WEGEN

L E B E N   IST JEDER PFLANZE JEDEM TIER

JEDEM MENSCHEN ZU EIGEN

V E R L E B E N   KANN MAN NUR

EINE BESTIMMTE ZEIT

HIER MAHNT DIE SILBE „VER" AN DAS ENDE

UND DASS BESTIMMTE WEILE NUR BLEIBT

L E G E N   KANN ICH MICH INS BETT

UND DANACH RUHIG SCHLAFEN

V E R L E G E N   KANN ICH DEN TERMIN

DEN SCHLÜSSEL ODER DEN AUSWEIS

ODER KANN ES SEIN

BEI ANGSTVOLLEM GEBAREN

L E I H E N HEISST SICH ETWAS BORGEN

FÜR ZEITWEILIGEN GEBRAUCH

WÜRDE MAN JEDOCH MIR EINEN ORDEN

V E R L E I H E N

MUSS ICH IHN NICHT ZURÜCKGEBEN

NACH DEM GEBRAUCH

SOLLTE ICH SELBST ETWAS VERLEIHEN

WARTE ICH AUF DIE RÜCKGABE AUCH

L E I T E N   MUSS MAN DEN VERKEHR

AUCH DURCH DIE REGELN

RECHTS VOR LINKS

ES GIBT AUTOSTRASSEN FAHRRADSPUREN

FUSSGÄNGER AUF BÜRGERSTEIGEN

EIN MENSCH   V E R L E I T E T

OFT EINEN ANDEREN

DOCH AUCH SELBST LÄSST MAN SICH

VON NEUGIER SO VERLEITEN

DASS MAN GEHT AUF FERNE REISEN

ICH STREITE AB

INDEM ICH L E U G N E

DASS ICH EINE BESTIMMTE HANDLUNG

GETAN

V E R L E U G N E ICH MENSCHEN

SO BESCHÄDIGE ICH OFT DAS ANSEHEN

DIE ACHTBARKEIT BEKANNTSCHAFT GERN

L I E B E N   KANN DIE REIFE SEIN

NACH DER ZEIT DES SICH   V E R L I E B E N S

DOCH DIES ERSTE KNISTERN

IST KEINE GARANTIE DAFÜR

DASS TIEFE LIEBE KOMMT HERVOR

L O C K E N KANN ICH MEINEN HUND

MIT EINEM GUTEN LECKERBISSEN

ER WIRD WEDELND SICH MIR ZUGESELLEN

BIS ER IHN HAT AUFGEFRESSEN

MENSCHEN SIND DABEI MEHR GAUNER

V E R L O C K E N OFT

NUR DURCH VERSPRECHEN

DENEN MANCHER ARGLOS GLAUBT

UND SEINE ZUKUNFT SICH VERSAUT

(GELDANLAGEN)

HERSTELLEN WIRD AUCH M A C H E N

GENANNT

ANFASSBARES HÖRBARES SEHBARES

ENTSTEHT

DAS WORT V E R M A C H E N

ZEIGT

IN EINEM GESPRÄCH ODER TEXT

DASS ETWAS ZUM ANDEREN

ALS BESITZ ÜBERGEHT

M E L D E N IST EIN VERB

NOCH OHNE INHALT GANZ ALLGEMEIN

EIN HINHÖRSIGNAL UND RUFT AUF

GENAU ZU ERKUNDEN WOHER DIE

GEFAHR

WIRD ETWAS V E R M E L D E T

IST DER INHALT SCHON FEST

UND DAS ZIEL NICHT BLEIBT VERSTECKT

MANCHES MUSS MAN M E S S E N

UM PASSENDES ZU FINDEN

WEHE DU HAST DICH DABEI V E R M E S S E N

OB NUN DER TONFALL NICHT ANGEPASST

ODER DAS KLEID PASST NICHT ZUM KÖRPER

SO ENTSTEHT DARAUF FOLGEND

GRÖSSERER ÄRGER

O R D N E N   MUSS MAN FAST ALLE DINGE

GEDANKEN EREIGNISSE UND TÄGLICHE WELT

V E R O R D N E N   KANN NUR EIN ANDERER

WAS ER IM MOMENT

ALS WICHTIG FÜR MICH HÄLT

HÄUSER UND LÄNDEREIEN

KANN MAN P A C H T E N

PARKPLÄTZE UND GERÄTE

DOCH MUSS ICH JEMAND SUCHEN

DER WILL WAS V E R P A C H T E N

SONST BLEIBT MEIN BEMÜHEN ERGEBNISLOS

NUR GEFÜHLE KANN ICH NICHT PACHTEN

DIE BLEIBEN FLÜCHTIG

IN JEDEM MOMENT

P E I L E N   MUSS MAN EIGENTLICH LERNEN

WEIL OFT DER RICHTIGE WEG DARAN HÄNGT

DURCH   V E R P E I L E N

WURDE SCHON OFT ANGESTREBTES ZIEL

AUF ROUTEN VERFEHLT

AUCH IM LEBEN PEILEN WIR ZIELE AN

DIE ERST ALS ERGEBNIS UNS ZEIGEN

DASS WIR UNS VERPEILT DABEI HABEN

P U T Z E N KANN MAN GUT BESTAUNEN

BEI KATZENARTEN GROSS UND KLEIN

AUCH VÖGEL PUTZEN SICH SEHR EIFRIG

WOLLEN WIE MENSCHEN SCHÖN HALT SEIN

V E R P U T Z E N MUSS DER MAURER

JEDE NEU GEBAUTE WAND

ER SCHLIESST ALLE KLEINEN FUGEN

WIE SÜSSIGKEITEN VERSCHWINDEN

IN KINDERHAND

UND BEIM VERPUTZEN SIE SCHLIESSEN DEN

MUND

R A T E N   IST OFT EIN SPASS FÜR ALLE

GANZE SEITEN WERDEN GEDRUCKT

MIT LEICHTEN

ODER SCHWEREN DENKAUFGABEN

HÖRT MAN ABER

DASS JEMAND WURDE   V E R R A T E N

DANN FÜHLEN ALLE

DASS DA WAR EIN SCHURKE AM WERK

R E C H N E N   WILL JEDER GUT KÖNNEN

SO KANN MAN SICH VIEL BESSER SCHÜTZEN

WENN AUS VERSEHEN ODER MIT ABSICHT

ZU UNSEREN UNGUNSTEN

KASSIERER SICH   V E R R E C H N E N

ERWARTET JEMAND BESTIMMTES EREIGNIS

UND RECHNET ER MIT LUSTGEWINN

STELLT DER SICH NICHT WIE ERWARTET EIN

HAT ER SICH VERRECHNET IN SEINEM SINN

R E I S S E N KANN MAN

UNTER DEM CHRISTBAUM SEHEN

WENN MIT UNGEDULD

GESCHENKE ENTPACKT

EIN KRITIKER VON LITERATUR KUNST UND

THEATER

DEM DAS WERK NICHT RICHTIG GEFÄLLT

WIRD ES V E R R E I S S E N

IN SEINER KRITIK

R O S T E N IST EIN PROZESS

DURCH DIE FEUCHTIGKEIT IN UNSERER LUFT

ALSO EIN GANZ NORMALER BEGRIFF

SPRECHE ICH DAVON

DASS ICH VOR DEM V E R R O S T E N

MUSS ETWAS SCHÜTZEN

DANN HABE ICH BESTIMMTEN GEGENSTAND

IM BLICK

S A G E N   KANN MAN EIGENTLICH ALLES

EGAL OB JEMAND ES HÖRT ODER NICHT

V E R S A G E N   MACHT IMMER UNGLÜCKLICH

OB DURCH EINEN ANDEREN

DER WUNSCH VERWEHRT WURDE

ODER FALSCHES ZIEL

SICH SELBER GESETZT

WER HUMOR HAT LIEBT DAS S C H E R Z E N

LACHT GERN ÜBER SICH UND DIE WELT

WENN DARAN EIN GRIESGRAM SICH STÖRT

AN DEM FROHSINN KANN MAN SICH ES

V E R S C H E R Z E N SOGAR BEIM FREUND

S C H M E L Z E N   WIRD DAS EIS DURCH

WÄRME ODER EISEN DURCH FEURIGE GLUT

V E R S C H M E L Z E N   ZU EINEM NEUEN

BEDARF BESTIMMTER PROZESSE DER NATUR

GETRENNT KANN VERSCHMOLZENES NICHT

MEHR ERSCHEINEN ES SEI DENN DER MENSCH

GREIFT AKTIV MIT EIN

BENUTZT CHEMIKALIEN ODER ANDERE

GEWALTEN DIE DAS NEUE WIEDER AUFSPALTEN

AUS EINEM MAULESEL WIRD NIE MEHR EIN

PFERD

S C H R E I B E N   IST ZUR LUST GEWORDEN

MIT DER HAND

GEDANKEN GEBÜNDELT ZU FASSEN

WENN DANN DER TEXT IN DEN

RECHNER GETIPPT

V E R S C H R E I B E   ICH MICH

NICHT NUR DEM FRÖHLICHEN TUN

SONDERN ES KOMMT AUCH SCHON MAL

EIN VERSCHREIBEN DAZU

EINEM GLÄUBIGER S C H U L D E ICH

EINEN BESTIMMTEN BETRAG

DEN ICH WILL ZURÜCKZAHLEN

IN MEINEM PLAN

SOLLTE ICH MAL EINEN UNFALL

V E R S C H U L D E N

ICH KEINEN AUSLÖSCHPLAN

DAFÜR FINDEN KANN

S E N K E N KANN ICH DIE STIMME

ODER DEN PREIS

AUCH DEN WASSERSPIEGEL IM TEICH

DOCH V E R S E N K E N

ZEIGT OFT EINE ABSICHT

DASS DIE SACHE   DAS DING   DAS EREIGNIS

IM WAHREN LEBEN NICHT MEHR AUFTAUCHT

S I C H E R N   MUSS MAN NICHT NUR KINDER

IM AUTO

AUCH FUHREN MÜSSEN SEIN FEST VERSTAUT

WENN MAN GEGEN SOLCHES GEBOT SICH

VERHÄLT

HILFT ES WENIG DASS MAN

V E R S I C H E R T   IST DENN DADURCH

IST DIE GESELLSCHAFT AUS IHRER PFLICHT

DAS WASSER WERDEN WIR S T A U E N

ZUM SAMMELN IN STAUSEEN

DAMIT ES DANN VORRÄTIG

WENN ES GEBRAUCHT

DIE REISESACHEN WERDEN WIR IM KOFFER

V E R S T A U E N

DAMIT ALLES FÜR DEN GEBRAUCH

AM ZIEL IST BEREIT

S I N G E N   KÖNNEN NICHT NUR VÖGEL

AUCH MENSCHEN WERDEN

MIT DER FÄHIGKEIT GEBOREN

BEI KINDERN WIRD   V E R S I N G E N

ALS NORMAL EMPFUNDEN

DOCH IST EINER MITGLIED IN EINEM CHOR

DANN IST DAS SEHR STÖREND

FÜR ALLE IM OHR

S T Ä R K E N

KANN MAN SELBSTVERTRAUEN

WENN MAN VIEL LOBT

UND ACHTSAM LENKT

LÄSST MAN ÄNGSTLICHKEIT

OHNE STÜTZEND HILFE

V E R S T Ä R K T SICH NOCH DIE UNSICHERHEIT

KANTEN UND RÄNDER VERSTÄRKEN WIR OFT

WEIL SIE ZU SEHR

DEM VERSCHLEISS AUSGESETZT

S T E C K E N   KANN MAN DAS KONFEKT

IN DEN MUND

ODER DIE HÄNDE IN DIE TASCHEN

AUCH ZELTSTÄBE LASSEN SICH STECKEN

UND ERGEBEN STABILES GESTELL

ANDERS IST ES

WENN WIR   V E R S T E C K E N

WAS EIN ANDERER NICHT SEHEN SOLL

GILT FÜR SACHEN ODER IMMATERIELLES

MANCHE GEFÜHLE BLEIBEN EWIG VERSTECKT

S T E H E N   IST BEIM ERSTEN MAL

DER GRÖSSTE STOLZ DER ELTERN

WENN AUS DER HOCKE

SICH AM TISCHBEIN WIRD GERECKT

EHE MAN   V E R S T E H E N   SIEHT

VERGEHT OFT NOCH GERAUME ZEIT

DOCH DIESE FÄHIGKEIT SICH SO LANGE HÄLT

WIE STÖRUNGSFREI DER GEIST FUNKTIONIERT

S T I M M E N DARF MAN DIE INSTRUMENTE

ODER VERGLEICHEN MASSE ZUEINANDER

NICHT NUR SAITEN SICH V E R S T I M M E N

AUCH DIE SEELE KANN VERSTIMMEN

WENN SIE UNERFÜLLTER HOFFNUNG

NACHWEINT

JEDER FRUST VERSTIMMT DAS GEFÜHL

WEIL WIR UNS FALSCHE ZIELE GESETZT

S P I E L E N   GEHÖRT ZUM LERNEN DER

KINDER UND BLEIBT LEBENSLANG EIN SEHR

NÜTZLICHES TUN

WENN WIR UNS DARIN VERLIEREN

FÜHRT DAS   V E R S P I E L E N

ZUM VERLUST VON ACHTUNG EHRE UND RUHM

S U C H E N MUSS MAN VIELES IM LEBEN

SCHON BEI DER MUTTERBRUST BEGINNT

DIESES TUN

ZUM V E R S U C H E N BEDARF ES DER

NEUGIER

WEIL ZU ERKUNDENDES LÄSST

DICH NICHT RUH'N

S Ü S S E N   WERDEN WIR DAS OBST

DAMIT NACH DEM KOCHEN

DIE SÄURE WIRD MILDER

V E R S Ü S S E N   WIR DEN TAG

FÜR LIEBE MENSCHEN DURCH FREUNDLICHKEIT

AUFMERKSAMKEIT UND LIEBE WORTE

UND VERSÜSSEN SO

DIE MÜHEVOLLE SAUERKEIT DES ALLTAGS

DURCH GELEBTE HEITERKEIT

T E I L E N IST EIN MAHEMATISCHES TUN

DOCH WIRD ES AUCH VOM CHARAKTER

VERLANGT

NICHT NUR FREUDE

AUCH ÜBERFLUSS ZU TEILEN

SCHAFFT GENUSS

LASTEN V E R T E I L E N HEISST AUCH

ERKENNEN

DASS ERSCHÖPFUNG DES EINEN

MAN KANN DADURCH SENKEN

T R E I B E N KANN ICH GÄNSE UND SCHAFE

ODER ABER AUCH SPORT

IMMER KOMMT ES ZU BEWEGUNG

V E R T R E I B E ICH IRGENDWAS

DANN JAGE ICH ES AUS MEINEM LEBEN

OB ES DER HUSTEN DIE MÜCKE DER

KOPFSCHMERZ

ODER AUCH DIE LANGEWEILE

OFT TRÖSTEN UNS MENSCHEN

WENN WIR TRAURIG SIND

DOCH DAS MUSS DANN WIRKLICH

SOFORT PASSIEREN

VOM VERTRÖSTEN HAT MAN NICHTS

DENN DER ANDERE

SICH VOR DER ZUWENDUNG

IM HIER UND JETZT DRÜCKT

ICH T U S C H E GERN MIT PINSEL UND FARBE

EIN IM VORAUS ERDACHTES BILD

IST DER INHALT KLAR ZU ERKENNEN

ES MANCHMAL AUCH

DEM BETRACHTER GEFÄLLT

WILL ICH

DASS MAN MIR NICHT KOMMT AUF

MEINE ABSICHT

ÜBERMALE ICH DIE KONTUR

V E R T U S C H E DAMIT

WAS WIRKLICH GEWESEN

UND LENKE AB

VON REALER SPUR

W A C H S E N IST EIN KRITERIUM JEDES

KEIMENDEN LEBENS

OB PFLANZE TIER ODER MENSCH

BIS DIE REIFE IST ERREICHT

UND SICH DANN WIEDER

ABBAU EINSTELLT

STELLEN WIR ABER V E R W A C H S E N FEST

KANN DAS EINE STÖRUNG SEIN

DIE SICH AUSGEGLICHEN HAT

ODER ES BESCHREIBT BLEIBENDEN FEHLER

DER SICH ZWISCHEN NORMALES GEMISCHT

W A R N E N   WERDE ICH VOR EINER GEFAHR

DIE ICH VON ANDEREN FERNHALTEN MÖCHTE

V E R W A R N E   ICH EINEN MITMENSCHEN

IST DAS EINE ANKÜNDIGUNG

DASS ER SICH MEINES WOHLWOLLENS

NICHT SO SICHER SEIN SOLLTE

ABER NOCH CHANCE

SICH ZU ÄNDERN

OFFEN BLEIBT

WIR MENSCHEN PFLEGEN UNSEREN KÖRPER

DURCH   W A S C H E N

DENN UNSERE ZUNGE IST DAFÜR ZU KLEIN

WACKELN WIR BEIM FOTOGRAFIEREN

WIRD DAS FOTO   V E R W A S C H E N DANN SEIN

KONTUREN SIND NICHT KLAR ERKENNBAR

WIE AUCH DIE FARBE

BEIM WASCHEN MANCHMAL ENTFLIEHT

UND MANCHES LOGO AUF EINEM NICKI

NUR NOCH BLASS UND VERWASCHEN AUSSIEHT

W E R F E N KANN MAN ALLE DINGE

DIE DEN ORT WECHSELN SOLL'N

V E R W E R F E N KANN MAN NUR IDEEN

WEIL SIE NICHT MEHR SINNVOLL

W I L D E R N   IST DAS HEIMLICHE JAGEN

NICHT NUR IM WALD NACH FRISCHEM WILD

SONDERN AUCH BEI PLAGIATEN

SUCHT MAN DER ANDEREN GEISTIGES GUT

V E R W I L D E R N   DAGEGEN WERDEN DIE

PFLANZEN

WENN SIE IN IHRE NATUR SIND ENTLASSEN

DENN VIELE SIND KÜNSTLICH

VON MENSCHEN GEZÜCHTET

W I R K E N   MÖCHTEN WIR

SOWOHL MIT UNSEREM ÄUSSEREN

ALS AUCH MIT UNSERM GEIST

AM ECHO MERKEN WIR OFT

OB ES ERREICHT

DOCH MANCHER HAT SEINEN KREDIT

SCHON V E R W I R K T

WEIL ER ZU SEHR

AUF AUSSENWIRKUNG GEZIELT

W U C H E R N KANN EIGENSCHAFT

EINES GELDVERLEIHERS SEIN

ODER DER ERTRAGSGEWINN

AUS VIELEN TALENTEN

WERDEN MANCHE PFLANZEN NICHT IN IHRER

AUSBREITUNG BEGRENZT

V E R W U C H E R N

SIE MANCHEN GARTEN

GANZ UNGEHEMMT

Z A H N E N   KENNT JEDES ELTERNPAAR

WEINEND STÖRT DAS KIND DIE NÄCHTE

V E R Z A H N E N   KANN SICH ZAHN FÜR ZAHN

NUR WENN AUCH GEGENZAHNRAD IST

IM REALEN VORHANDEN

Z A U B E R N   MÖCHTE JEDER KÖNNEN

WÜNSCHE SICH SO LEICHT ERFÜLLEN

V E R Z A U B E R N   KANN DIE KUNST

DICH AUS DER GEGENWART ENTFÜHREN

BLICKST DU VERTRÄUMT NE BLUME AN

ODER VERWEILST IM ZOO BEI DEN TIEREN

DANN VERZAUBERT DICH DIE NATUR

HÄLT DICH SCHEINBAR AN IN DEINEM LEBEN

VON SCHÖNEN ERLEBNISSEN KANN MAN

Z E H R E N   IN PERSÖNLICHER ERINNERUNG

V E R Z E H R E N   KANN ICH DIE TORTE

IM HIER UND JETZT ODER ABER

AUS SEHNSUCHT NACH EINEM GELIEBTEN

MENSCHEN MICH VERZEHREN

IM ZUKUNFTSGEFLECHT

WIR Z I E H E N AM STRICK ODER KOPFKISSEN

BIS ES SICH RICHTIG ZUM KUSCHELN EINFÜGT

V E R Z I E H E N WIR UNSERE KINDER

WIRD LIEBEVOLLES MITEINANDER OFT

NICHT ERREICHT

ECKEN UND KANTEN STÖREN DANN

PLÖTZLICH MANCHES UNWORT „HÄTTE"

SICH IN DIE ERINNERUNG SCHLEICHT

Hertaldis Offermann, den 9.bis 12. Mai 2016